Le Temple de la Sagrada Família est une église de renommée mondiale et, à tout le moins, très différente de toutes les églises que tu connais, n'est-ce-pas ? La construction de la Sagrada Família a commencé il y a de nombreuses années, au centre du Plan de la cité de Barcelone, à la fin du XIXe siècle et, à ce jour, elle n'est toujours pas achevée bien que les travaux avancent à grande vitesse. C'est l'œuvre majeure de Gaudí ; il s'y est consacré pendant pratiquement toutes les années de sa vie en tant qu'architecte. Grâce à son projet et à la façon dont il imagina de la construire, elle est devenue, avec le temps, l'un des principaux symboles de Barcelone et de la Catalogne.

La fondation et la première pierre

La première pierre du Temple fut posée le jour de la Saint Joseph en l'an 1882. Imagine combien de temps s'est écoulé depuis lors ! Cette première pierre put être posée grâce aux membres de l'Association des Dévots de Saint Joseph, un groupe de barcelonais – avec à leur tête Josep Maria Bocabella – qui se proposèrent de construire une église dédiée à la Sainte Famille, financée avec l'argent que donnèrent les gens.

Avant Gaudí, l'Association avait chargé du projet l'architecte Francisco de Paula Villar, qui prévoyait de construire une église de style néogothique, comme la plupart de celles qui se construisaient à cette époque-là. La première chose qu'il commença à bâtir fut la crypte sous l'abside, située à quelques neuf mètres en-dessous du niveau de la rue de Provence. Mais l'architecte Villar démissionna tout de suite, car il ne put se mettre d'accord avec l'Association à propos des matériaux à utiliser pour la construction de l'église. Ce fut alors, à la fin de l'année 1883, qu'un autre architecte Joan Martorell proposa de remplacer Villar par un jeune architecte de trente et un ans : Antoni Gaudí.

Et c'est ainsi que Gaudí devint l'architecte de la Sagrada Família. Sa première tâche, en 1889, fut de terminer la crypte, et il faut reconnaître qu'il améliora beaucoup le projet initial. Par exemple, il construisit un fossé entourant la crypte pour laisser entrer la lumière naturelle et pouvoir poser des verrières de couleur. Il créa aussi quelques beaux chapiteaux aux formes végétales et un sol en mosaïque représentant des raisins, des feuilles de treille et des oiseaux. Il décida de construire, de chaque côté de la crypte, deux grands escaliers en colimaçon qui permettraient d'y accéder et qui, plus tard, seraient prolongés jusqu'en haut pour monter jusqu'aux toits et aux tours de l'église.

Un nouveau projet

Dix ans après avoir commencé son travail d'architecte de la Sagrada Família et profitant d'un don anonyme d'environ 600 000 pesetas de l'époque, Gaudí envisagea de construire une église beaucoup plus monumentale que celle du projet initial, dans laquelle chaque partie prendrait une signification religieuse propre.

Il imagina une église énorme, de dix huit tours disposées en forme de pyramide. La tour la plus haute serait dédiée à Jésus, atteindrait 170 mètres de haut et serait située au centre. Elle serait entourée de quatre tours de quelques 125 mètres de haut, dédiées aux quatre évangélistes ; les quatre narrateurs de la vie de Jésus. Derrière, entourée par la façade de l'abside (actuellement en construction) serait édifiée la tour dédiée à la mère de Jésus, la Vierge Marie.

passer d'une église avec une seule tour de quelques 100 mètres, à une autre de dix huit tours. Comme vous le voyez, c'était un projet très ambitieux qui nécessitait beaucoup de temps pour une telle église.

Gaudí savait combien tout cela serait compliqué ; c'est pourquoi il décida de la construire en plusieurs tranches. Il commença par construire la façade de la Nativité qu'il prévoyait de pouvoir achever en quelques décennies. Les gens de son époque ne verraient pas l'édifice terminé mais, de cette façon, beaucoup d'entre eux verraient à coup sûr, au moins une des façades terminée ou tout au moins, très avancée.

L'Association des Dévots de Saint Joseph accepta la proposition de bâtir l'église par tranches, car ce pourrait être un bon moyen pour parvenir à terminer un jour un édifice de pareille dimension, financé volontairement par le public. Il lui devrait que pendant de nombreuses années la Sagrada Família serait connue du monde entier grâce à la façade de la Nativité, une façade de cent mètres de haut, destinée à servir d'entrée à une bâtisse sans toit !

Pendant ce temps se terminerait la façade de l'abside, d'un style néogothique élancé. Gaudí souhaita la décorer avec des éléments de la faune, et de la végétation qui entourait, à cette époque, la Sagrada Família, lorsque la majeure partie de cette zone était toujours en friche. C'est pourquoi les gargouilles, celles qui écoulent l'eau de pluie, représentent toutes des animaux la gueule ouverte : escargots, lézards, crapauds, geckos, serpents, grenouilles, salamandres. Et si vous regardiez avec attention, vous verriez qu'au sommet des contreforts et des flèches, à cinquante mètre de haut, il y a des épis végétaux qui subsistent ainsi dans le paysage, bien qu'à ce jour, une grande partie de l'environnement de la Sagrada Família soit rempli de constructions.

En outre, il pensa construire aussi trois grandes entrées dans l'église : des façades d'environ 100 à 120 mètres, avec quatre clochers chacune. La première façade serait consacrée à la Nativité de Jésus ; la deuxième, aux tous derniers jours de sa vie (la Passion, la mort et la Résurrection du Christ) et, enfin, la façade principale qui serait dédiée à la Gloire et aux enseignements de Jésus aux hommes.

Les douze tours des façades représentent chacune un des douze apôtres, les douze premiers disciples et compagnons de Jésus. Gaudí se proposa de

Pour mieux pouvoir surveiller les travaux du Temple, Gaudí installa son bureau à l'intérieur même de la Sagrada Família, dans un bâtiment attenant à l'abside. Il existait une grande salle pour les architectes et les dessinateurs et dans un coin sa table de travail. A côté, se trouvait une salle à hauts plafonds dans laquelle il construisait les grandes maquettes des projets des différentes parties du Temple, laquelle lui servait aussi de cabinet photographique des sculptures. A la suite, il y avait un entrepôt des modèles qui avaient été utilisés pour construire la crypte, l'abside ou la façade de la Nativité. Et, dans un coin, une chambre qui donnait sur une terrasse où était installé un lit pour pouvoir dormir quand le mauvais temps ne lui permettait pas de regagner sa maison dans le Parc Güell. En fait, ce fut là que Gaudí passa les derniers huit mois de sa vie.

La façade de la Nativité

En 1894 commença la construction des trois grands portails de la façade de la Nativité, situés entre les quatre tours-clochers.

Si vous fixiez votre regard sur le portail central, vous verriez que cela ressemble à une crèche. Vous observeriez qu'au centre, se trouvent Marie, Joseph et l'enfant Jésus, sous l'étoile, ainsi que le bœuf et l'âne ! Des deux côtés, nous percevons l'adoration des bergers et celle des Rois Mages. Quatre anges avec des trompettes annoncent la naissance de Jésus et, plus bas, vous pourriez découvrir plantes et animaux qui expriment la joie de ce moment historique : arbres fruitiers, plantes à fleurs, toutes sortes d'oiseaux, d'écureuils, d'insectes... Vous apercevriez aussi les signes du zodiaque que l'on peut voir dans le ciel de la Palestine au mois de décembre : on peut ainsi imaginer les étoiles qu'il y avait dans le ciel lors de la naissance de Jésus. Et plus bas encore, on voit l'Annonciation au moment où l'Archange Gabriel annonça à Marie qu'elle serait la mère de Jésus.

Pour symboliser le froid qu'il faisait à Noël, Gaudí sculpta des chandelles de glace pour délimiter les trois portes de la façade. Le portail central se termine par un cyprès ; celui du côté Nord par des épis et des raisins ; celui du Sud, par un rocher qui symbolise le sanctuaire de Montserrat, la patronne de la Catalogne.

Le portail de la face sud raconte l'histoire de l'enfance de Jésus : le massacre des saints innocents ; la fuite en Égypte de la Sainte Famille sur un âne ; Jésus avec Joseph, son père ; le mariage de Joseph et Marie... Le portail de la face nord représente le jeune Jésus travaillant comme charpentier et le moment où ses parents le retrouvent dans le Temple parlant avec les prêtres ; plus haut apparaît l'Immaculée conception.

C'est une façade tellement spéciale, tellement remplie d'éléments naturels et d'images, que lorsqu'on la regarde on a l'impression que la pierre bouge. Précisément, pour que les sculptures paraissent vivantes, Gaudí utilisa un système très concret : le moulage d'après nature ; ça consiste à choisir un homme ou une femme réels. Il leur faisait prendre la pose qu'il souhaitait et alors seulement, il réalisait un moule ou un négatif en plâtre. De cette façon, il pouvait ensuite réaliser une sculpture en plâtre avec le moule, la corriger et, enfin, la donner aux tailleurs de pierres pour qu'ils puissent exécuter la copie définitive en pierre. Il procédait de la même façon avec des nombreux animaux ou plantes qu'il voulait représenter. Par exemple, pour le groupe des sculptures de la fuite en Égypte, il acheta un âne à une marchande ambulante de céramiques pour lui servir de modèle.

Sagrada Família : activité exclusive (1914-1926)

Lorsque Gaudí eut près de soixante ans, il se rendit compte que sa vie avait changé. Les grands projets qui l'avaient tenu occupé les années écoulées étaient terminés ou arrêtés pour diverses raisons. Il avait eu des conflits avec certains de ses clients mais, en revanche, à la Sagrada Família, il se sentait libre de concrétiser ses idées. C'est pourquoi il décida de consacrer le reste de sa vie au Temple, à la construction de la façade de la Nativité et à l'élaboration de projets pour les autres parties de l'église. De surcroît, il était seul, car son père (en 1906) et la nièce qui vivait avec eux au Parc Güell (en 1912) étaient morts.

Ces années-là furent très laborieuses. Gaudí travaillait à la fois à la façade de la Nativité de la Sagrada Família, à la Pedrera, au Parc Güell et à l'église de la Colònia Güell ; et en plus, en 1909, il construisît le bâtiment des Écoles sur le site de la Sagrada Família. Gaudí et le curé de la paroisse souhaitaient offrir l'opportunité aux enfants du quartier et aux enfants des ouvriers d'acquérir une bonne éducation. A cet effet, ils projetèrent de construire avec des matériaux simples un petit bâtiment scolaire de trois classes, avec toutes les façades et les toitures incurvées, alors que Gaudí avait d'abord imaginé d'utiliser seulement des lignes droites. En outre, pour avoir une bonne école, un bâtiment ne suffisait pas, Gaudí et le curé recherchèrent donc de bons maîtres pour appliquer dans les classes une des pédagogies les plus modernes pour l'époque.

En 1911, après s'être remis d'une maladie grave, Gaudí dessina le portail de la façade de la Passion.

Il se consacra pendant douze à quatorze ans à projeter, en grandes maquettes de plâtre, la sacristie – avec un dôme impressionnant et novateur – la nef et la façade principale, celle de la Gloire, en sus d'autres parties plus petites, tels que le cloître ou la Chapelle de l'Ascension.

Gaudí consacra de nombreuses heures de travail à la définition des pinacles (les pointes) des clochers de la façade de la Nativité. Comme toujours, il entendait trouver la meilleure solution, et il la trouva avec l'emploi du béton armé, un matériau différent qui lui permit une plus grande liberté de formes. C'est ainsi qu'il créa la composition des formes et des couleurs des pinacles que nous voyons actuellement, l'une des créations artistiques des plus extraordinaires du XXe siècle.

Et comme tout dans l'œuvre de Gaudí, les pinacles comportent également une signification propre : ils représentent les éléments de l'identification d'un évêque. L'extrémité en est la mitre, le chapeau que l'évêque porte sur la tête dans les cérémonies importantes. Sur la mitre est peinte une croix ; à l'arrière parait la crosse ou bâton. Au-dessous de la mitre est l'anneau. Dans son trou sont installés des projecteurs pour illuminer la croix qui se situera au sommet de la tour centrale. Les couleurs du cristal de Murano (Venise) – les jaunes, rouges, dorés et blancs – qui ornent les pinacles se détachent sur le ciel, surtout quand le ciel est bleu.

Gaudí éprouva une grande satisfaction lorsque, le 30 novembre 1925, furent enlevés les échafaudages du premier pinacle – le seul qu'il vu terminé – et plus tard, lorsque l'horloger en charge des pendules du Temple lui dit « C'est très beau ! ».

Comme tu le sais déjà, les douze dernières années de sa vie, Gaudí les passa dans le bureau-atelier de la Sagrada Família et, jusqu'aux derniers mois, il resta pour y dormir. Il travaillait entouré de papiers et de moules en plâtre. Chaque jour, il organisait le travail de la façade de la Nativité, dessinait des solutions pour la façade ou pour d'autres parties de l'édifice et confectionnait des maquettes en plâtre pour voir les formes en trois dimensions et pouvoir ainsi les expliquer à ses collaborateurs de manière à pouvoir poursuivre l'œuvre dans l'avenir.

Pendant ces années, l'ouvrage en construction de la Sagrada Família était déjà célèbre et recevait la visite de nombreuses personnalités, non seulement catalanes, mais venant de tous les coins du monde. Par exemple, le président de la Mancomunitat de Catalogne, Enric Prat de la Riba, le musicien, prix Nobel de la Paix, Albert Schweitzer, ou le roi Alphonse XIII. En 1921, le cardinal archevêque de Tarragone, Vidal i Barraquer, bénit la pose de la première pierre des colonnes des nefs en présence d'une grande foule sur l'esplanade du Temple, au cours d'un concert de 1 000 chanteurs.

Mais tout n'alla pas aussi bien durant ces années. Dans la première décennie du XXe siècle, les donations pour la construction du Temple diminuèrent. Des années plus tard, Gaudí en personne dut rendre visite à plusieurs familles fortunées de Barcelone pour leur demander de l'argent, maintes fois

pour pouvoir payer le salaire des ouvriers. Le poète Joan Maragall lui-même écrivit un article en 1905 pour solliciter des barcelonais et des catalans une aide financière pour poursuivre le chantier.

Les adieux à Gaudí

« Un innombrable cortège funèbre accompagnait le cercueil de Gaudí à l'entrée de la Sagrada Família, en un parcours qui avait débuté à l'ancien hôpital de la Sainte Croix où Gaudí mourut le 10 juin, après avoir été renversé par un tramway trois jours auparavant.

– Que sont ces cloches qui sonnent ? – demanda Pierre, un gamin de douze ans à son père.

– Ce sont deux cloches cylindriques de bronze qui sonnent dans les clochers ; ce sont les premières des quatre vingt ou plus, que Gaudí avait prévu qu'il y aurait dans les clochers et qui, plus tard, formeraient comme un grand orgue qui s'entendrait à l'intérieur et autour du temple.

– Que d'idées il avait Gaudí ! N'est ce pas papa ?

– Oui, des idées extraordinaires. Il voulait faire les choses comme il croyait qu'elles devaient l'être, encore qu'il fût le premier à les proposer. Et, pour savoir comment les faire, il observait et étudiait la nature en y consacrant des heures et des heures de travail.

– Comment se fait-il qu'il soit venu tellement de personnes à l'enterrement ?

– Tout le monde aimait Gaudí. Les gens appréciaient ses édifices et nous, les catalans, nous reconnaissons son courage et son dévouement à son œuvre, surtout à la Sagrada Família que le public aime tant et qu'il a vu grandir malgré les nombreuses difficultés.

Destruction et reconstruction des maquettes

Après la mort de Gaudí, entre les années 1926 et 1932, ses collaborateurs, sous la direction de l'architecte Domènec Sugrañes, terminèrent les trois pinacles qui restaient encore pour finir la façade de la Nativité et complétèrent d'autres éléments de la façade, tels le pont situé entre les deux tours centrales et le cyprès, selon la maquette et les instructions de Gaudí. Ils préparèrent aussi, à ce moment là, la construction de l'une des deux sacristies, mais les événements politiques ne le permirent pas.

Le 18 juillet 1936, les militaires se révoltèrent contre la République et la Guerre Civile espagnole commença. Des actes révolutionnaires se produisirent alors en Catalogne et dans d'autres régions ; c'est dans ce cadre que, malheureusement, quelques groupes incontrôlés brûlèrent beaucoup d'églises et tuèrent de nombreux curés et religieux. La Sagrada Família ne fut pas épargnée : on assassina le recteur qui avait collaboré avec Gaudí, des éléments de la crypte furent incendiés et détruits, on incendia les premiers étages de la façade de la Nativité, les écoles et l'habitation du recteur, située en bas de l'appartement de Gaudí, qui s'écroula et détruisit les maquettes. On brûla les dessins, mais le plâtre, heureusement, ne flamba pas et une bonne partie des fragments furent conservés. Une brigade municipale les retrouva et les transféra dans un lieu sûr.

La guerre terminée, en 1939 et 1940 commença la restauration de la crypte pour qu'elle puisse redevenir la paroisse du quartier.

En outre, et par chance, Gaudí avait conçu la Sagrada Família en combinant des formes géométriques courbes et naturalistes dont un certain nombre très caractéristiques : hyperboloïdes, paraboloïdes, hélicoïdes et conoïdes. C'étaient des formes que les mathématiciens connaissaient, bien qu'elles n'aient jamais été construites. De la sorte, le travail de reconstruction des maquettes fut plus facile : ses disciples identifiant à quelle partie du modèle correspondaient les morceaux de plâtre selon les photographies conservées, en intervenant et en les prolongeant avec du plâtre selon les formes géométriques. Est-il vrai qu'avec un seul morceau de sphère on peut reconstruire toute la sphère ? Oui, c'est exactement ce que firent les disciples de Gaudí avec les fragments qu'ils retrouvèrent.

Les architectes qui avaient collaboré avec Gaudí pendant les dernières années se mirent aussi à restaurer les maquettes et les dessiner avec ce qu'ils savaient grâce aux explications qu'ils avaient reçu de Gaudí. Ils possédaient par ailleurs les fragments conservés des maquettes originales avant leur destruction.

De cette façon, ils restaurèrent le projet par éléments, le dessinèrent et construisirent une nouvelle maquette de la nef qui reproduisait celle de Gaudí qu'ils exposèrent dans le musée qu'ils créèrent dans le sous-sol de la façade de la Passion. Cette maquette, à l'identique de celle, originale, de Gaudí, mesure quelque cinq mètres de haut. Elle est dix fois plus petite que l'édifice construit et cependant, vous pouvez passer dessous ! Dans un autre sous-sol, ils construisirent, à plus petite échelle, d'autres maquettes pour les tours des trois façades et les nefs.

A partir de 1950, on organisa la visite de l'ouvrage, ce qui permit de monter sur les tours et de se faire une idée de ce que serait le Temple à l'avenir, à partir de ces deux nouvelles maquettes et d'une partie des maquettes restaurées.

Pendant les années quarante et au début des années cinquante, les travaux continuèrent, mais lentement, car il y avait peu de dons en raison de la situation économique du pays.

La façade de la Passion : l'objectif des années 60 et 70

En 1952, pendant le Congrès Eucharistique de Barcelone, des messes furent célébrées sur l'esplanade du Temple, de la même façon qu'elles le furent pendant la vie de Gaudí. Deux années plus tard, alors que la façade de la Nativité était achevée depuis 1932, le Comité de Construction décida de construire une autre façade : la façade de la Passion. Gaudí n'était plus là, mais il avait expliqué à ses disciples le dessin qu'il avait réalisé du porche, des modèles en plâtre, des pinacles et aussi, comment devraient être les tours. Les architectes qui s'en chargèrent furent le second assistant de Gaudí, Francesc de Paula Quintana, Isidre Puig Boada et Lluís Bonet Gari. Plus tard, Francesc de Paula Cardoner rejoindra aussi le projet.

Comme pour toute la Sagrada Família, la construction de cette nouvelle façade fut possible grâce aux dons des gens. Le plus important d'entre eux provint d'un mexicain descendant de catalans, du nom de Sayrols, qui rêvait de payer l'une des tours. Le reste de l'argent fut apporté par les membres du Comité, quelques bienfaiteurs et les barcelonais qui participaient aux collectes annuelles qui commençaient alors à se faire. Chaque année, l'appel pour la collecte invitait à donner de l'argent en tenant informé de l'état d'avancement des travaux. « Votre générosité est destinée à couvrir un an de travaux » ; « Voici comment sera le Temple grâce à Gaudí et à toi » ; « Tous ensemble, nous le terminerons » ; « Regardez comme il grandit », « Nous avons déjà six tours grâce à votre aide », « Et maintenant les pinacles ». On peut vraiment affirmer que c'est un Temple construit par tous.

En 1976, les tours furent terminées et quelques années plus tard, les six colonnes inclinées du porche.

Dimanche des Rameaux 1981

Pierre et sa petite fille, Anne, étaient sur la place de la Sagrada Família après la bénédiction des palmes qui s'était déroulée devant la façade de la Passion dont les tours étaient maintenant achevées :

– Il y a beaucoup de monde sur la place ! – commenta Anne.

– Oui, ici beaucoup de monde se rassemble le jour des Rameaux.

– Il y avait aussi beaucoup de personnes le jour de l'enterrement de Gaudí. J'étais ici avec ton bisaïeul, alors que les tours de la façade de la nativité étaient très avancées. Je me souviens que la première, celle de Saint Barnabé, était déjà terminée. Et aujourd'hui, regarde, il y en a déjà quatre de plus. Nous avons fait notre travail, celui des gens de notre époque. Et ce, malgré les nombreuses difficultés, non seulement techniques, mais aussi économiques ; y compris les campagnes contre la poursuite de la construction. Mais finalement, nous sommes parvenus à ce que voulait Gaudí, que ses successeurs réalisent cette façade et que la Sagrada Família soit un jour achevée. Il a consacré tant d'heures à étudier ce qu'il fallait construire, même après sa mort ! Ton père, Anne, sillonnait les rues avec une tirelire quémandant de l'argent pour la construction de cette façade.

– Ah vraiment ? A moi aussi il me plairait de le faire grand-père !

Subirachs à la Sagrada Família

Une fois achevé le porche inférieur de la façade de la Passion, il fallait combler les vides situés sur les côtés et au dessus des portes, avec des sculptures qui expliqueraient la Passion et la mort de Jésus. Gaudí avait dit à ses disciples que lui seul décrirait le symbolisme que devrait comporter les éléments artistiques de chaque façade (sculptures, vitraux, éléments décoratifs…) et qu'à chaque moment historique seraient choisis les meilleurs artistes pour les réaliser. De cette façon, le Temple achevé serait le résultat des idées de Gaudí devenues réalité grâce aux différents architectes et constructeurs et aux créations artistiques de chaque moment historique. Ainsi chaque époque laisserait son témoignage artistique.

Pour la façade de la Passion, le sculpteur Josep Maria Subirachs a été choisi car il était l'un des meilleurs et des plus représentatifs des sculpteurs du moment et qu'il avait réalisé près de León, de grandes statues représentant Jésus et les douze apôtres. De la même manière que l'avait fait Gaudí en son temps, et pour pouvoir travailler dans les meilleures conditions, Subirachs transféra son bureau et son habitation à l'intérieur de la Sagrada Família.

Pendant presque 15 ans, il a imaginé et exécuté douze scènes comprenant une centaine de sculptures pour raconter la Passion de Jésus et sa mort, exprimer la douleur et le drame de ces événements. Si vous vous placiez devant la façade de la Passion, vous verriez, par exemple, le Christ dînant avec ses amis et disciples, les apôtres, Judas embrassant et trahissant Jésus, Pierre qui se dissimule pour ne pas être découvert, le juge de la préfecture romaine Ponce Pilate, le chemin conduisant à la croix et, au sommet du portail, la mort de Jésus cloué sur la croix. Subirachs a aussi réalisé les sculptures des apôtres correspondant à chacune des tours qui se trouvent au dessus, ainsi que, suspendue au balcon qui joint les deux tours centrales, l'image de Jésus s'élevant au ciel. Ces œuvres de Subirachs intégrées dans l'architecture de Gaudí constituent une précieuse contribution à l'ensemble de l'édifice et à l'art de la fin du XXe siècle.

Pour entrer dans la Sagrada Família par le centre de la façade de la Passion, Subirachs a conçu des portes très originales en bronze, avec un texte sculpté. On peut y lire, comme si c'étaient les pages d'un livre géant, le récit de la Passion telle qu'écrite dans la Bible, dans les Évangiles de Mathieu et de Jean. Pareillement, Subirachs s'est chargé de la porte principale du Temple, exécutée, elle aussi, en bronze avec des lettres sculptées : si vous vous approchiez, vous pourriez lire le texte complet du Notre Père et la phrase « Seigneur, donne-nous aujourd'hui notre pain de ce jour » et ce, en cinquante langues !

La construction de la nef principale

En 1982, lorsque le Pape Jean-Paul II visita la Sagrada Família, il entra dans le Temple par les façades de la Nativité et de la Passion mais, une fois à l'intérieur, il se retrouva dans un espace vide, sans toit, d'où l'on apercevait le ciel, car la construction de la partie centrale n'avait pas commencé. Des nefs de l'église, ne se voyait qu'une seule colonne élevée en 1956, à côté de la façade de la Passion.

Au début des années quatre-vingt débuta la construction des grandes fenêtres et façades des nefs ; en 1987 les fondations des colonnes de la nef principale. Depuis lors, l'architecte Jordi Bonet a dirigé les travaux de construction des nefs selon la grande maquette que Gaudí avait laissée dans son atelier. Les architectes, à l'aide des modèles en plâtre, étudièrent les nombreux fragments conservés et les maquettes restaurées et analysèrent les informations des photographies conservées. Ils suivirent aussi les indications des livres des élèves de Gaudí et de la copie qu'ils avaient réalisée de la maquette de leur maître. Puis, nantis de toutes ces informations, avec l'aide d'ordinateurs, ils redessinèrent les maquettes et dessins de Gaudí. Grâce aussi à l'aide de l'informatique, ils fabriquèrent des colonnes de pierre et d'autres éléments de l'ouvrage.

Comme nous l'avons expliqué plus tôt, Gaudí organisa le projet des nefs de la Sagrada Família selon des lois très claires, pour que les architectes puissent les comprendre et poursuivre la construction lorsqu'il aurait disparu.

La structure, par exemple, était constituée de colonnes inclinées en forme d'arbre se divisant à différentes hauteurs, afin de supporter les arcs de diverses hauteurs et les toitures. Il existe vingt-deux types distincts de colonnes, d'une forme, d'une largeur et d'une longueur différentes, en fonction du poids et du type d'éléments qu'elles doivent soutenir. Ensemble, regroupées en divers niveaux, les colonnes supportent tout le poids de l'édifice.

En outre, ces colonnes sont d'un type nouveau, inventé par Gaudí : au fur et à mesure qu'elles montent, la forme de la base se transforme jusqu'à devenir un cercle couronnant le tout. Ce type de colonnes se divise et se ramifie sans cesse, formant un colombage complexe et original, semblable aux troncs des arbres avec leurs feuilles, ou à une main avec ses doigts.

Il y a de nombreuses entrées de lumière, tantôt par les grandes fenêtres, tantôt par le toit, entre les colonnes. Gaudí choisit une forme géométrique, unique pour toute entrée de lumière, l'hyperboloïde, qui ressemble à un double entonnoir permettant de recueillir le maximum de lumière de l'extérieur pour la répartir à l'intérieur. Tous les hyperboloïdes ont des formes d'étoile, étoiles qui se réunissent par les pointes !, tantôt dans les voûtes, tantôt dans les grandes fenêtres.

En ce qui concerne les voûtes de la toiture, une partie d'entre elles sont blanchâtres, car elles ont été réalisées en ciment blanc, tandis qu'une autre partie d'entre elles a été construit en utilisant une technique traditionnelle catalane de fabrication de voûtes par couches de briques. Entre les briques on a placé des décorations de verres vert et doré figurant des feuilles de palmier.

Gaudí définissait l'intérieur de la Sagrada Família comme une forêt, avec les troncs des arbres, leurs nœuds, les diverses branches, les feuilles dans les voûtes, avec la lumière du soleil réfléchie dans toutes les directions, semblable à une forêt d'arbres hauts et touffus. En outre, pour mieux diffuser la lumière, il décida de placer des lanternes métalliques qui pendraient aux entrées de lumière des voûtes.

Gaudí dessina également un chœur des deux côtés de la nef, d'environ 15 à 20 mètres et une tribune inclinée, prévue pour accueillir sept cents voix. Pour Gaudí, la musique et les chants dans une église étaient très importants ; c'est pourquoi il a prévu un chœur d'enfants dans l'abside et deux grands orgues de quarante mètres de haut, en sus des cloches des tours qui pourraient aussi s'entendre fort bien de l'intérieur.

Les vitraux des diverses entrées de lumière des grandes fenêtres furent confiés à l'artiste Joan Vila-Grau. En 2001, Vila-Grau acheva le premier vitrail intérieur de la grande fenêtre centrale de la façade de la Passion, dédiée à la Résurrection de Jésus, lequel lui demanda plus de deux ans d'étude et de réalisation. Par la suite, il exécuta les vitraux du transept et de l'abside, de même qu'il réalisa le projet général de la nef principale qui sera exécuté par la suite. Chacun des vitraux est pareil à une grande peinture abstraite.

Il explique que les vitraux sont pareils à des « symphonies » de couleurs qui créent des sensations de profondeur et de proximité, de contraste, de répétition… chez le spectateur. Les tonalités des verres traversés par la lumière du soleil enrichissent d'une extraordinaire façon les verrières de Gaudí et teintent l'intérieur de couleurs qui varient en cours de journée en fonction de la position du soleil.

A l'extérieur, les verrières se terminent en sculptures de couleurs : fruits divers (nèfles, cerises, amandes, oranges, grenades, etc.), raisins et épis de blé qui symbolisent le pain et le vin de l'Eucharistie.

L'intérieur était encore en construction, quand diverses manifestations publiques ont commencé à avoir lieu. Le dernier jour de l'an 2000, jour de la fête de la Sainte Famille, une messe fut célébrée à l'intérieur, présidée par le cardinal-archevêque de Barcelone, Ricard M. Carles, la nef principale et une partie du transept étant achevées. Chaque année, des manifestations culturelles ont été célébrées à l'occasion des fêtes de la Nativité, de la Collecte et de la Journée Portes Ouvertes.

Au fur et à mesure que les années ont passé et que l'édifice s'est agrandi, l'intérêt pour la construction de la Sagrada Família s'est pareillement accru dans le monde entier.

La construction des voûtes du transept et de l'abside

La nef principale achevée, les travaux ne l'ont pas pour autant été dans la Sagrada Família. En l'an 2010, l'espace intérieur de l'église s'acheva par la construction des colonnes et des voûtes du transept et de l'abside, conformément aux dessins de Gaudí, aux formes et aux règles de l'architecture de la nef principale.

Si vous faisiez un tour à l'intérieur et leviez les yeux vers le toit, vous verriez qu'aussi bien les voûtes du transept situées à quelque 60 mètres de haut que celles de l'abside ont au sommet de grands œils-de-bœuf par où pénètre la lumière. Celui de l'abside est un grand œil-de-bœuf de 75 mètres, orné de la couleur bleue représentant le Ciel, entouré d'un triangle doré représentant Dieu. Dans le transept, on compte vingt-cinq œils-de-bœuf dont le central a des rayons dorés.

Ainsi se sont achevés les derniers éléments qui forment la zone de l'abside, tel que le sanctuaire – situé au centre de l'abside et à deux mètres de haut de plus que le reste – au sein duquel se trouvent l'autel et le baldaquin suspendu (avec des épis et une treille de raisins), le Siège épiscopal, les bancs pour les prêtres qui concélèbrent la messe, l'ambon, estrade un peu surélevée d'où sont faites les lectures.

De chaque côté de l'abside se trouvent deux grands escaliers en colimaçon et des ascenseurs pour pouvoir monter aux différents étages du Temple et descendre dans la crypte.

C'est ainsi, finalement, que 128 ans après le début de la construction de la crypte, l'intérieur du Temple a été achevé. Quatre grandes grues furent d'un grand secours pour la réalisation et le montage des grandes pièces préfabriquées.

L'église, avec toutes ses nefs achevées, fut consacrée le 7 novembre 2010 par le Pape Benoît XVI, accompagné du cardinal-archevêque de Barcelone, Martínez Sistach, d'un grand nombre de cardinaux et archevêques, ainsi que de 7 000 participants. Un grand jour !

Finalement, l'extraordinaire espace créé par Gaudí est devenu une réalité, pour servir aux célébrations religieuses et pour que tout le monde, contemplant sa beauté, puisse se réunir avec plaisir pour méditer et prier.

« L'intérieur est comme une forêt »

Le 13 novembre 2010, Anne entra à l'intérieur du Temple avec son fils Luis.

– Qu'en penses-tu Louis ?

– On ne dirait pas une église, mais une forêt ! Regarde, de quelque côté que tu tournes le regard, tu vois toujours la lumière. Il y a des colonnes de toutes parts, comme dans une forêt pleine d'arbres, de branches et de feuillages. Et c'et ici, au centre, que se trouve la plus grande hauteur !

– Oui, et tu as une sensation de tranquillité, de calme... Oui, c'est vrai, on dirait une forêt, car Gaudí a étudié la nature pour créer son architecture.

– Et maintenant, que manque-t-il pour achever la Sagrada Família ?

– Oh, Louis, il s'en faut encore de beaucoup, bien que nous en ayons réalisé un peu plus de la moitié. Ton bisaïeul a vu la construction de la façade de la Nativité ; ton grand-père, celle de la Passion et toi tu la verras achevée. Et, au mieux, moi aussi. Certains disent qu'en l'an 2026 pour le centenaire de la mort de Gaudí, elle sera terminée ; mais cela dépend de l'argent que donneront les amis du Temple et les visiteurs.

Que manque-t-il pour achever le Temple ?

A ce jour, il reste encore beaucoup de travail pour que soit achevée la Sagrada Família. Actuellement, une trentaine d'architectes et architectes techniciens travaillent dans le Temple. À ce jour, l'une des sacristies a été construite, ainsi que des coupoles de presque 40 mètres, situées aux deux coins de la rue Provença, et un grand espace au sommet des voûtes du transept, constituant le pied de la tour centrale. C'est ainsi qu'on a pu commencer à élever la tour la plus haute et poursuivre la construction des cinq tours centrales, débutées en 2008 et 2009. La tour centrale se terminera à son sommet par une croix à quatre branches ; elle sera si grande que l'on pourra monter et contempler toute la ville vue du ciel.

Les autres tours seront celles des quatre évangélistes. Chacune aura au sommet le symbole de chacun d'entre eux : un ange, un aigle, un bœuf et un lion. La tour de l'abside sera parée de l'étoile blanche, symbole de la Vierge Marie.

Et il manquera encore, pour construire la façade de la Gloire, en sus des quatre clochers, un immense et monumental portail constitué de seize grands hyperboloïdes pareils à des trompettes ou à des tuyaux d'orgue dont Gaudí a laissé une maquette en plâtre. Cette façade sera ornée de sculptures et autres œuvres d'art qui, comme l'avait programmé Gaudí, devront expliquer comment Jésus a dit que nous devions nous comporter pour être heureux.

Par exemple : les huit colonnes qui supporteront les tours et le portail seront les huit béatitudes (bienheureux les humbles, bienheureux ceux qui cherchent la paix...).

Pour compléter l'ensemble de l'église que Gaudí imagina pour le centre de Barcelone, afin que le public se réunisse pour prier et louer Dieu, il ne manquera plus ensuite que la construction du Baptistère, de la Chapelle du Sanctissime et de la Pénitence, une petite chapelle derrière l'abside et la deuxième sacristie.

Gaudí avait dit que le public viendrait du monde entier voir ce qui avait été construit et imaginé. Et il en est bien ainsi. Environ deux millions et demi de personnes visitent chaque année la Sagrada Família et profitent de ce que Gaudí a construit et projeté, rendant ainsi possible la poursuite des travaux. Nous reverrons-nous quand cela se terminera ? Nous t'attendons !